REPRESENTATIONS

Faites par les Créanciers des Colons de Tabago aux Comités réunis du Commerce et des Colonies,

NOMMÉS

Par L'Assemblée Nationale de FRANCE,

À l'effet de prendre en Confidération le Mémoire des dits Créanciers, par lequel ils demandent la révocation de l'Arrêt du 29 Juillet 1786, et des Sentences et Jugements rendus par la Cour de Commiffion érigée par le dit arrêt.

OPINIONS

Du Procureur Général et du Solliciteur Géneral d'*Angleterre* et d'autres Hommes-de loi diftingués, fur l'illégalité de cet Arrêt.

Le tout fervant de Réfutation aux Arguments du Sieur Roume (dit de Saint-Laurent) Ordonnateur de l'Ifle de Tabago pour juftifier les principes de l'Arrêt, et les Jugements iniques rendus en conféquence.

ON Y A JOINT

Une Copie exacte et conforme de l'Arrêt, celle du ferment inquifitorial exigé par la Cour de Commiffion, et Copie de la Réfolution prife dans l'Affemblée Coloniale de Tabago le 27 Mai 1790.

[1791.]

A Meſſieurs des COMITÉS *réunis du* COMMERCE *et des* COLONIES.

Repréſentent · humblement les ANGLOIS CREANCIERS des Colons et Habitants de TABAGO.

DISANT,

QUE dans le mois de Juillet dernier, l'Aſſemblée Nationale a renvoyé pardevant vous un Mémoire expoſitif de leurs griefs, ſur lequel vous n'avez pas encore fait votre rapport. Qu'au mois d'Août dernier les Députés des repréſentants qui etoient alors à Paris, leur apprirent que la cauſe du delai etoit un Mémoire que devoit publier inceſſamment M. Roume. Ils eurent alors l'honneur de vous expoſer qu'ils ne croyoient point devoir faire de reponſe à cet Adminiſtrateur, parcequ'ils ont principalement à combattre l'injuſtice et la perverſion de principes qu'offre l'Arrêt du Conſeil d'Etat du Roi du vingt neuf Juillet 1786, en vertu du quel a eté erigée la Cour de Commiſſion de Tabago, qui les a privés de la protection de ces loix que leur aſſuroit la capitulation,

A 2

et

et qui leur etoit confirmée par le traité de paix, et par la promesse gracieuse de sa Majesté.

Les représentants ont vu le Mémoire de M. Roume, mais ils craindroient d'abuser de vos moments précieux s'ils entreprenoient d'en réfuter en détail les sophismes, et d'en relever les nombreuses erreurs. Pleins de confiance en votre sagesse et votre justice, ils ne doutent point, Messieurs, que vous ne découvriez aisément la puérilité, l'absurdité, et la mauvaise foi qui dominent dans les ecrits volumineux d'un homme qui s'arroge le titre de legislateur, et qui, dans une profonde ignorance de la constitution, des mœurs, et des loix de l'Angleterre, ose attaquer le savoir des juges les plus célèbres de ce Royaume, et pousse l'absurde de la vanité jusqu'à se prétendre capable d'instruire les Jurisconsultes et même les Grands Chanceliers les plus habiles, dans ces loix dont l'etude et la pratique ont illustré leurs vies, en fesant respecter leurs decrets par toute la nation.

Pressé par le poids des autorités accumulées contre ses assertions dans le Mémoire que les representants ont eu l'honneur de présenter à l'Assemblée Nationale, ce même personnage a bien l'assûrance d'impugner les talents et l'intégrité des plus grands hommes dont s'honore la Grande Bretagne, et il s'imagine ridiculement que vous croirez sur sa seule parole, que les décisions des grands Chanceliers d'Angleterre portent atteinte à leur gloire, et font des abus de la loi, dictés par l'esprit de corps, qui les a portés, dit-il, à prononcer contre la loi et leur ferment. Les représentants savent cependant que

si,

fi, dans quelque cas que ce foit, par un effet de la foibleffe et de l'imperfection de notre nature, des Grands Chanceliers s'etoient trompés, leurs décifions auroient eté redreffées par un appel à laChambre des Pairs, tribunal fuprême de la nation Angloife, aidé de tous les juges réunis. Et, s'il etoit poffible que des motifs comme ceux que fuppofe fauffement le Sieur Roume guidaffent les décifions ou jugements d'un Magiftrat fupérieur ou inférieur, il n'échapperoit point à la punition due à fon crime.

Les décifions que les repréfentants ont foumis à vos regards, Meffieurs, font reconnues pour loi dans tous les tribunaux de la Grande Bretagne. En même tems qu'ils les ont mifes fous vos yeux, ils ont eu l'honneur d'y joindre les opinions de quelques-uns des plus célèbres Avocats de France fur l'illégalité et l'injuftice du Tribunal erigé par l'Arrêt de mil Sept cent quatre vingt-fix. Et afin de vous convaincre complettement combien cet Arrêt eft contraire aux principes de la loi, et de la jurifprudence Angloifes, ainfi que la cour de commiffion qu'il a créé ; pour démontrer jufqu'à l'evidence combien font fauffes les notions que le préambule de cet Arrêt donne des loix Angloifes, et jufqu'à quel point le Sieur Roume ignore ces loix qu'il fe vante de connoitre fi parfaitement ; les reprefentants ont cru ne pouvoir employer d'argument plus fort que de foumettre des queftions fur les points principaux aux Jurifconfultes les plus célèbres de l'Angleterre, dans les cours de Loi commune et d'Equité. Vous verrez ici, Meffieurs,

leurs

leurs opinions, que chacun d'eux a donnée fépa-
rement et fans s'être confultés entre eux. Les
repréfentants ofent croire que ces opinions de Lé-
giftes et de Magiftrats, avantageufement connus
par leurs talents, vous infpireront plus de confiance
fur l'identité de la loi Angloife, que toutes les af-
fertions vagues et erronées du Sieur Roume.

Les repréfentants en appellent de la bonté de
leur caufe à ces mêmes opinions, à la loi générale
des nations, enfin, Meffieurs, à votre fageffe et à
votre juftice. Ils ne doivent pas craindre que
l'aurore de la liberté Françoife offre un contrafte
auffi etonnant que le feroit la confirmation d'un
Arrêt qui répugne également aux principes géné-
raux de la juftice, et aux loix particulières de l'Angleterre, que le préambule n'a feint d'invoquer que
pour les enfreindre plus impunément.

Comme M. Roume s'eft efforcé de traveftir l'affaire de Sterling et Drummond, en quoi il a
montré une profonde ignorance ou une infigne
mauvaife-foi, les repréfentants vous demandent
permiffion, Meffieurs, de mettre fous vos yeux
un recit exaĉt de cette affaire, comme elle a
eté jugée dans la Chambre des Pairs. L'expofé
qui fuit eft l'ouvrage des Advocats adverfes dans
cette caufe intéreffante. Vous y verrez, Meffieurs,
à quel point M. Roume a altéré les faits, et
combien il s'en faut que la conclufion qu'il a
tirée foit d'accord avec la loi d'Angleterre.

Les repréfentants ne fe permettront aucun
commentaire fur ces opinions qu'ils croyent une
réfutation complette des faux raifonnements de
M. Rou-

M. Roume, et ils dédaignent les injures que cet adminiftrateur s'eft permifes contre eux et leurs députés, et en effet elles ne font tort qu' à lui-même. Ils favent que vous avez, Meffieurs, les lumieres et l'impartialité neceffaires pour prononcer avec fageffe, lorfque les faits font clairement etablis. Vous ne ferez point eblouis par de vains fophifmes, ni egarés par l'étalage artificieux d'un ftyle ampoulé et déclamateur.

Lorfqu'il s'agit pour les repréfentants de fommes confidérables qui compromettent leur fortune, ils invoquent avec une entiere confiance votre juftice. Ils croyent qu'ils ne font point outrés dans leurs prétentions, en demandant uniquement que l'Arrêt et tous les jugements qui l'ont fuivi foient déclarés nuls et de nul effet, et à n'être pas mis dans une fituation pire que celle où ils etoient en l'année 1786, avant l'établiffement de ces tribunaux tyranniques et arbitraires, appellés Cour de Commiffion et Tribunal du Gouvernement, enfin, avant que les annales de l'ancien government de la France fe foient fouillées envers fes nouveaux fujets, et leurs creanciers, leurs parents et leurs bienfaiteurs par un Arrêt, qui n'auroit jamais eté rendu fous aucun gouvernement fondé fur les principes de la liberté et de la juftice.

QUESTIONS

Propofées par les ANGLOIS CREANCIERS fur hypotèque des Habitants de TABAGO. Avec les Réponfes des JURISCONSULTES ANGLOIS.

FAIT.

EN 1786, il a eté rendu en France un Arrêt du Confeil d'Etat du Roi concernant les Réclamations de divers Capitaliftes de la Grandé Bretagne et autres Etats de l'Europe fur les Habitants de l'Ifle de Tabago. Cy jointe eft copié imprimée dudit arrêt en date du 29 Juillet 1786, figné le *Maréchal de Caftries*.

L'execution de cet Arrêt a eté pour plufieurs des créanciers et pour leurs débiteurs une fource de vexations et d'embarras de toute efpèce, et a caufé aux premiers des pertes confidérables.

Le Tribunal appellé Cour de Commiffion, erigé par cet Arrêt, a prononcé plus de deux cent jugements, par les quels on a ordonné la confifcation de fommes montant à plus de £.500,000 Sterling.

Ces jugements ont eté rendus du propre mouvement de la dite Cour, fans réclamation de la part d'aucune des parties, et quoiqu'il n'y eût ni demandeur ni defendeur, mais au contraire, quoique les créanciers et les débiteurs fuffent contents des comptes et conventions qui avoient eté faites et

<table><tr><td>3</td><td align="right">règleés</td></tr></table>

règlées entre eux. Et en outre, les parties ont
eté obligées de payer une fomme confidérable fous
le pretexte de frais d'expertage et autres frais reful-
tants des procédures et frais faits devant la dite Cour.

Ces jugements ont eté prononcés fur différents
fondements; mais le plus grand nombre, et ceux
qui ont confifqué les fommes les plus confidérables l'ont eté fous prétexte, que les créaniers
ont commis des ufures à l'égard de leurs débiteurs, contre le texte des loix Angloifes.

*Vous êtes prié de donner votre avis fur les queftions
fuivantes, favoir.*

10. Si l'expofé du préambule de l'Arrêt eft fondé
fur des faits, et s'il répugne ou non aux loix des nations en général, ou à la loi d'Angleterre en particulier,
que les parties dont les comptes font règlés et ter-
minés à la fatisfaction du débiteur et du créancier,
et lorfqu'ils n'ont point de difpute enfemble,
foient forcés d'aller devant une Cour de Juftice
pour y entrer en procès l'un avec l'autre, quoique
nul ne fe plaigne ni ne réclame, et là, avec des dépenfes inévitables et confidérables fe voir foumis
à la loi et à l'obligation de produire et montrer
tous leurs comptes, leur correfpondance, et autres
papiers, pour faire connoitre à la Cour les conditions, les termes de payement, et autres circonftances de leur trafic, et de leurs affaires entre eux
pendant une longe fuite d'années antérieures, enfin pour être expofés et condamnés à des amen-

des

des et confiſcations, à la diſcrétion et ſelon la volonté du Tribunal; lors même que les parties ne ſe plaignent point l'une de l'autre, mais ſont reſpectivement contentes et ſatisfaites de la manière dont elles ont traité entre elles et ont règlé leurs comptes et interêts?

20. Aucune perſonne peut-elle, ſelon les loix d'Angleterre être jugée coupable d'uſure et condamnée en conſéquence à des peines, amendes ou confiſcations, autrement que par le jugement par jurés?

30. Quel eſt le tems fixé par les loix d'Angleterre pour intenter l'action d'uſure contre celui qui s'en eſt rendu coupable?

Opinion de Monſieur Le Chevalier ARCHIBALD MACDONALD, *Procureur Général du Roi pour toute l'Angleterre, Membre du Parlement Britannique.*

J'ai lu l'Arrêt du Conſeil d'Etat en date du 29 Juillet 1786. J'ai reconnu que les diſpoſitions en ſont fondées ſur des principes avancés dans le préambule; mais ces principes ſont tellement erronés qu'il eſt clair qu'avant d'adopter des meſures auſſi violentes que celles preſcrites par l'arrêt, on n'a conſulté aucun Juriſconſulte d'Angleterre, ſeul moyen d'eviter les erreurs dans lesquelles on eſt tombé: Ce n'etoit cependant qu'un devoir de

ſimple

fimple juſtice dans une affaire où il s'agiſſoit de fommes ſi conſidérables et d'objets auſſi importants. La loi d'Angleterre n'eſt dans *aucun cas quelconque* citée fidèlement. On peut aſſurer avec vérité qu'elle eſt dans tous les cas diamétralement contraire à ce qu'avance ce préambule extraordinaire.

D'abord. Il n'eſt pas vrai que l'acte de la 12e année du règne de la Reine Anne ait rien qui ſe rapporte aux Colonies Angloiſes. Aucun acte du Parlement Britannique n'eſt obligatoire pour les Colonies, à moins qu'elles n'y ſoient nommées expreſſément. C'eſt un principe reconnu et avoué et avec lequel s'accorde l'uſage.

Secondement. Il n'eſt pas vrai que l'acte de la treizieme année du règne de George trois règle l'interêt de l'argent dans les Colonies. Il permet ſimplement aux *etrangers* de s'intéreſſer dans des biens fonds par voie d'hypoteque (ce qui ne leur etoit pas permis auparavant) et reſtraint l'interêt à recevoir par ces prêteurs, à cinq pour cent. Ce point de loi eſt ſi clair que des étrangers qui prêtent leur argent ſur des billets ordinaires ou ſur toute autre ſureté perſonnelle, peuvent prendre l'interêt etabli par la loi de la Colonie.

Troiſiemement. Il n'eſt pas vrai que l'acte de la 14e année de George 3. regarde en aucune manière l'emprunt et le prêt en général dans les Colonies Il n'a pour but que de lever quelques doutes qui s'etoient elevés ſur la localité du contrat dans les cas où le contrat etoit paſſé dans la Grande Bretagne et la terre ou bien hypotèqué ſitué dans les Indes

Occidentales, il règle ces fortes de contrats mais ne s'etend à aucun autre.

Quatriemement. Il n'eft pas vrai que la loi qui reftraint à ¼ pour cent le droit de courtage s'applique en aucun cas ou affecte d'une manieré quelconque la commiffion ordinairement payée par le colon à fon correfpondant.

Cinquiemement. Il n'eft pas vrai que la loi d'Angleterre défende de règler périodiquement et à des epoques règlées les comptes courants et de prendre de nouvelles furetés pour la folde, laquelle porte interêt.

Selon la loi d'Angleterre, les cours de juftice ne peuvent intervenir d'office et obliger des citoyens quels qu'ils foient à produire leurs engagements ni les papiers et documents qui y ont rapport. Cela ne peut avoir lieu que dans le cours d'une procédure á la requête d'une des parties intéreffées. Il n'exifte point en Angleterre de cas où un fujet puiffe être forcé à fournir des pieces par lefquelles il s'accuferoit lui-meme.

Tout examiné, il me paroit que les procédures faites par la commiffion de Tabago et les confifcations et condamnations qui s'en font enfuivies font abfolument en contradiction directe avec les principes et la pratique des tribunaux d'Angleterre, et que cette contradiction eft partout manifefte, même fur les points les plus clairs et les plus fimples des loix Britanniques, quoique l'arrêt en queftion prétende s'être fondè fur ces principes et cette pratique qu'il viole fi ouvertement.

2°. Il n'y a que le vrai-dire des jurés d'après

lequel

lequel on puiſſe prononcer des peines contre l'uſure.

3°. Toute action contre l'uſure ne peut plus être intentée après le laps d'une année par un ſujet contre un autre.

Signè Ar. Macdonald.

27 Décembre, 1790.

Opinion de M. Le Chevalier Jean Scott, *Solliciteur Général de ſa Majeſté pour toute l'Angleterre, et Membre du Parlement Britannique.*

J'eſtime, que la loi relative au prêt et à l'emprunt de l'argent dans l'iſle de Tabago eſt mal compriſe et mal expliquée dans le préambule de cet arrêt. L'acte de 1713 etablit l'interêt à *5 pour cent*; mais cet acte ne règle point les prêts dans les plantations, ni hors de l'Angleterre ; et l'acte de la 14ᵉ année de George III. c. 69. prouve cette vérité. Il s'eſt, à la vérité, élevé un doute, ſavoir, ſi les ſuretés etoient bonnes et valables lors qu'elles etoient données pour argent prêté ſur les terres dans les Colonies, que l'interêt reçu etoit de plus de cinq *pour cent.* et que ces ſuretés ou contrats devoient avoir leur execution en Angleterre ; et cet acte a clairement etabli la validité de tels contrats, ſi l'interêt n'excède pas 6 *pour cent,* laiſſant aux contrats qui devront être executés dans les colonies leur validité, comme ils l'avoient auparavant, ſi l'interêt reçu n'excedoit pas le taux d'interêt payable dans

la

la Plantation, où le contrat feroit éxécuté, et où la terre donnée en fureté eft fituée, et laiffant en queftion fi la fureté feroit ou ne feroit pas bonne, même quand l'interêt reçu excederoit le taux de 6 *pour cent.* et que le contrat feroit executé en Angleterre. Cet acte regardoit les furetés donnés aux fujets de fa Majefté; et un autre acte a rendu les etrangers capables de prêter leur argent fur de telles furetés, quoique, à la vérité, pas à plus de cinq *pour cent.* : Mais ce dernier acte n'a point de rapport à la loi de l'ufure ; c'eft un acte fait pour donner à des etrangers le pouvoir et la faculté de s'intéreffer dans des terres, mais toutefois en reftraignant le taux d'interêt au deffous de celui que les fujets Anglois font autorifés à recevoir fur de pareilles furetés.

Je regarde comme un procédé contraire a la loi des nations, et à la loi d'Angleterre en particulier, de forcer des perfonnes à comparoître devant un tribunal pour contefter enfemble de la manière exprimée dans la queftion propofée, et à montrer leurs comptes &c. pour les fins qui y font mentionnées.

Par des ftatuts particuliers en Angleterre, l'interêt ufuraire eft puniffable par des amendes applicables moitié à la Couronne et moitié au dènonciateur; mais les dénonciations ou actions intentées par les particuliers, ou par la Couronne, ont pour objet l'interêt que le ftatut ou la loi du païs leur a abandonné dans les amendes, et cet interêt leur eft accordé même quand les parties contractantes n'auroient point de conteftation entre elles fur les termes et conditions du contrat: mais cela

eft

eſt parfaitement différent dans ſon principe de la conduite d'une cour qui agit de la manière exprimée dans la queſtion.

2do. Je ſuis d'avis, que ſelon la loi d'Angleterre, aucun homme ne peut être convaincu d'uſure, ni condamné aux peines du ſtatut que par le vrai-dire des jurés, s'il nie le délit qui lui eſt imputé.

3tio. Le ſujet, ou dénonciateur ordinaire, a le droit, de pourſuivre pendant le delai d'une année, et le droit de la Couronne s'etend à trois années.

(Signé)   J. SCOTT.

Lincoln's Inn, 13 Janvier, 1791.

Opinion de l'Honorable THOMAS ERSKINE, *frère du très Honorable* LORD COMTE de BUCHAN, *Conſeiller en Loi, Procureur Général de* S. A. R. MONSEIGNEUR *le Prince de Galles, et Membre du Parlement Britannique.*

En réponſe à la premiére queſtion, j'ai à remarquer, que le ſtatut d'uſure qui a eté rendu en Angleterre dans un tems où les principes du commerce etoient peu connus, et dont la politique a ſouvent eté regardée comme douteuſe, eſt une loi locale fondée ſur un calcul du riſque et de l'inconvénient d'emprunter *en Angleterre,* et n'eſt pas applicable à des conventions où toutes les parties contractantes demeurent audelà de la mer, et traitent ſous l'empire d'autres loix permiſes par les conſtitutions Coloniales pour le gouvernement inté-
rieur

rieur des Colonies. Par conféquent, des perfonnes demeurant en Angleterre peuvent prêter de l'argent fur des terres dans les Indes Occidentales à un taux d' înterêt Colonial par le ftatut pofitif, malgré le ftatut de la Reine Anne. Mais, en fuppofant que le ftatut de l' ufure fût en pleine force à Tabago, il eft impoffible d'attaquer un compte, d'accord avec les principes de la loi d'Angleterre, fans qu'il y ait un juré *nommé* [*empanelled*] pour juger l'of-fenfe, foit fur la demande de l'emprunteur, foit fur une action par un dénonciateur, et fans prouver à la fatisfaction de ce juré que les contrats et les avantages qui en ont refulté font en contravention au ftatut. L'interêt fur des comptes réglés, quel-que fréquents que foient les comptes pour fonder le calcul compofé, lors qu'ils font faits foit dans tous les cas par le confentement du débiteur, ou par un confentement général aux ufages des Roy-aumes où l'on contracte, n'eft point ufure fuivant les loix d'Angleterre, et eft tellement d'ufage entre les négociants Anglois et les Colons des ifles de l'Amerique que cette manière de traiter entre eux leur paroit la feule propre à parer aux inconvénients fans nombre qui en réfulteroient pour les proprié-taires des habitations.

Mais toutes confifcations ou annullements de con-ventions entre les individus, fur le fondement de loix faites pour en prefcrire la forme ou les conditions, font contraires au devoir et à l'interêt d'un Etat foit fous une vue politique, foit en agiffant par fes cours de juftice, à moins que les parties elles-mêmes ne s'adreffent aux tribunaux compétents et que leurs

plaintes

plaintes ne deviennent le fondement de la procédure. L'etat, s'il se confédéroit avec l'une des parties contractantes, seroit toujours trop fort contre l'autre, et dans une telle lutte il est probable que les règles de la justice particulière seroient obscurcies, et que la loi positive deviendroit soumise à une politique incertaine et arbitraire. Quand je me porte dans l'avenir, animé comme je suis du desir ardent de voir la constitution naissante de la France devenir un grand modèle de gouvernement et de justice pour l'univers, je gémirois de penser qu'elle pût (quoique même d'après de bonnes intentions) ebranler les suretés du commerce, en le soumettant à des gênes et des restrictions qui ne font point de son essence, lors qu'il n'y a point de partie intéressée qui se plaigne qu'on ait fait quelque tort à ses droits, restrictions dont le but et l'etendue paroissent d'ailleurs être mal compris.

En reponse à la seconde question, Je suis d'avis que pour ordonner la résiliation d'un contrat pour cause d'usure, soit sur la défense de l'emprunteur à la demande formée par le prêteur, soit par une action sur le statut, c'est-à-dire sur une denonciation faite contre le prêteur, un juré, suivant les loix d'Angleterre peut seul décider que l'intention des parties a eté d'éluder le statut, enfin qu'il y a usure.

L'action doit être intentée par un dénonciateur ordinaire dans l'espace d'une année aprés que l'offense a eté commise, et quoiqu'un emprunteur puisse, après ce délai expiré, opposer sa défense à la demande intentée contre lui par le prêteur, cependant dans le cas où il s'agit d'amendes et de confiscations, cette defense ne peut être faite que par le prêteur

C

et

et non par aucun officier public ou dénonciateur, ni par aucune Cour de Juftice.

(Signé)   T. ERSKINE,

à Londres, ce 22 Novembre 1790.

Opinion de JEAN ANSTRUTHER, *Ecuyer, Confeiller en Loi, Membre du Parlement Britannique.*

Avant d'entrer dans l'examen des queftions ici propofeés, je ne puis m' empêcher de remarquer que l'Arrêt dont il s'agit eft fondé fur une telle quantité de notions fauffes des loix d'Angleterre, et fur tant d'erreurs palpables, qu'il n'eft pas etonnant que l'application des faux principes de cet Arrêt ait produit des injuftices notoires et criantes.

Il etablit 1° que l'acte du Parlement Britannique paffé dans la 12 année du règne de la Reine Anne ch. 16. A. D. 1713. régle le taux de l'interet dans les Colonies.

2do. Que l'acte du Parlement Britannique paffé dans la 13 année du regnè de George III. ch. 14 A. D. 1772-3 réduit le taux de l'interêt dans les Colonies à 5 *pour cent.*

3tio. Que la loi portée par la légiflature de Tabago en 1768 répugne aux lois etablies.

4to. Enfin, que l'acte du parlement de la quatorzieme année de Geo. III. ch. 79. A. D. 1774 fixe le taux de l'interêt dans les Colonies à 6 *pour cent.*

De ces différentes propofitions, il n'y en a pas une feule de vraie.

L'acte de la 12 année de la Reine Anne ne règle pas le taux de l'interêt de l'argent dans les Colonies. Chacune des Colonies Angloifes a le droit de le

fixer

fixer par ſes loix municipales et à des taux diffé-rents l'une de l'autre, ſelon les circonſtances et la ſituation de la Colonie.

L'acte de la 13 année de George III. ch. 14. eſt ſi loin de reſtraindre l'interêt de l'argent, que c'eſt au contraire un ſtatut de privilége, puis qu'il autoriſe une ſorte de perſonnes y dénommées à prêter leur argent avec ſureté pour elles-mêmes à un interêt de 5 pour cent, lors qu'auparavant ils ne pouvoient prêter aucune ſomme légalement et avec ſureté. Mais ce ſtatut a laiſſé ſous l'empire des loix Coloniales, comme par le paſſé, les perſonnes qui antérieurement avoient droit de prêter leur argent et de prendre et recevoir des ſuretés du prêt. Comme, ſuivant la loi d'Angleterre, aucun etranger ne peut prendre et tenir une propriété foncière en immeubles à ſon profit, et que l'interêt légal dans les biens hypotèqués appartient au créancier hypotéquaire dont le moyen le plus efficace de recouvrer ſa créance eſt d'entrer en poſſeſſion en vertu de ſon titre légal et d'obtenir la forcluſion de l'objet hypotèqué, il etoit extrêmement douteux (pour ne pas dire plus) ſi un etranger pouvoit valablement recevoir et faire executer une hypotèque ſur un bien-fond dans les Indes Occidentales.

Suivant la Loi d'Angleterre auſſi, un ennemi etranger ne peut réclamer dans les tribunaux des Colonies l'argent que lui eſt dû ; mais dans le deſir d'encourager les Colonies et de lever tout inconvénient, le Parlement d'Angleterre, avec ſon attention louable ordinaire pour le commerce en général et

pour

pour l'interet de fes Colonies en particulier, paffa l'acte en queftion pour autorifer tous *etrangers* à faire des prêts et à recevoir des furetés et hypotèques à leur profit, pourvu que le taux d'intèrêt ftipulé n'excèdât pas cinq pour cent, la Loi n'ayant voulu fanctionner les conventions faites par les etrangers que lors qu'ils auroient prêté leur argent à un taux d'interêt inférieur à l'interêt légal de la Colonie; mais cet acte dont le but eft d'encourager les etrangers à prêter leur argent fous la fanction de la loi Angloife et de faire le bien de la Colonie en mettant les Colons à portée d'emprunter de l'argent aux etrangers à un taux plus bas que les fujets Britanniques n'avoient droit de recevoir; cet acte, dis je, ne peut jamais être pris, comme il l'eft dans l'Arrêt, pour une loi générale qui règle le taux de l'interêt, ni affecter aucunement un fujet de la Grande Bretagne qui prête fon argent fous la protection des loix Coloniales ou de l'acte du Parlement de l'année 1774.

L'acte de la 14 année de George 3. ch. 79. A.D. 1774, n'a pas eté fait plus que celui cy-deffus pour règler généralement le taux de l'interêt dans les Colonies. Il s'etoit elevé un doute fi dans le cas d'un contrat fait en Angleterre pour prêt d'argent fur la fureté de biens-fonds fitués dans les Indes Occidentales, le contrat d'hypotèque ou autre fureté etant paffé et l'argent avancé en Angleterre, il s'eft, dis-je, elevé un doute fi ce cas etoit ou non du genre de ceux défendus par l'acte de la 12e année de la Reine Anne. Pour lever ce doute, l'acte porta que tous contrats et conventions faites antérieurement font déclarées valables, et qu'à l'avenir toutes hypotèques et autres furetés qui affecteront les terres et biens immeubles nommés dans l'acte, feront légales et efficaces, quand bien même elles feroient contractées ou ftipulées payables en Angleterre, pourvu, y eft il dit, que le taux d'interêt n'excède pas *fix pour cent.*

Mais cet acte, loin de regarder comme illégal le taux d'interêt dans les Colonies au deffus de 5 pour cent, déclare expreffément que le taux de l'interêt dans les Colonies Angloifes et en Irlande eft plus fort que dans la Grande Bretagne. L'arrêt dont il s'agit femble en outre confondre le $\frac{1}{4}$ pour cent autorifé dans le commerce pour droit de courtage avec le droit de commiffion accordé par les colons a leurs correfpondants ou confignataires en Angleterre. Il n'eft ni exact ni vrai de dire que par la loi de l'Angleterre, il foit déclaré illégal et ufuraire de faire payer l'interêt de l'interêt porté dans la folde d'un compte règlé. On accorde tous les jours dans le commerce un droit de commiffion aux négociants pour faire les affaires de leurs confignateurs, payer leurs billets et lettres de change, emmagafiner leurs marchandifes; et ce droit de commiffion ne devient point illégal par la raifon (ce qui arrive quelquefois) que le confignataire eft le créancier du confignateur, qu'il a une garantie on cautionnement fur fon habitation, et recoit régulierement ou lui porte en compte l'interêt. Quelquefois les parties conviennent entre elles de fixer un *quantum* pour ce droit de commiffion. Rien ne reffemble moins au droit de courtage mentionné dans le ftatut. " *L'interêt*

terêt se change en capital au quel on fait porter in-
terêt suivant la Loi d'Angleterre, en plusieurs cas
qu'il seroit inutile de spécifier. *On peut le faire en*
tout tems par accord entre les parties. Elles
peuvent fixer la solde du compte et accorder une
nouvelle sureté pour le payement de cette solde.

Les tribunaux ont décidé en une infinité d'occa-
sions que la solde d'un compte règlé forme une
dette qui porte interêt. Peu importe de quoi cette
solde soit composée, argent prêté, droit de commiffion, interêt sur un hypotèque ou toute autre
chose qui puiffe légalement former un article de
compte. Lors que le compte eft règlé entre les parties, *La solde devient une nouvelle dette qui produit*
interêt. L'époque où la solde doit être règlée éft
à la difcrétion des parties, ou dépend de l'ufage
etabli parmi les négociants. Si la dette eft payable en païs etranger, le créancier a droit de
compter l'interêt au taux fixé dans ce même païs
etranger. Les Cours d'Equité ainfi que les Cours
de Loi commune allouent tous les jours l'interêt
etabli à Tabago, à la Jamaïque, ou dans les Indes,
fur une folde d'un compte règlé dans ces païs, fans
s'inquieter de la nature des articles qui forment
cette folde. Les Cours de Loi ne peuvent pas
et les Cours d'Equité ne veulent pas (excepté dans
les cas de fraude ou d'erreur manifefte dans le
principe d'un compte) ouvrir la folde d'un compte
règlé entre les parties.

Je me bornerai à ajoûter relativement au préambule de cet Arrêt que d'après des principes auffi
faux que ceux qu'il etablit, il n'eft point furprenant

qu'on

qu'on ait tiré des conféquences erronées et injuftes, et que la cour erigée à Tabago ait jugé ufuraires plufieurs conventions ou comptes qu'aucun jurisconfulte Anglois n'auroit eu l'idée de regarder comme tels.

A l'egard de la première queftion propofée, je puis affirmer avec vérité que je ne connois aucun Tribunal en Angleterre ou ailleurs, qui ait le pouvoir de forcer des parties qui font d'accord à ceffer de l'être et à difputer des comptes dont elles font mutuellement contentes. Les Cours de Juftice font inftituées pour terminer les conteftations et les différends entre les particuliers, et non pour les obliger à difputer lors qu'ils font d'accord. La loi d'Angleterre ne connoit point les Cours d'Inquifition. L'injuftice du principe mentionné dans cette queftion ne peut être augmentée que par les dépenfes confidérables auxquelles les parties font entrainées et les amendes confifcations et peines où elles font expofées. Tout ce qu'on peut dire à ce fujet eft qu'un principe fi injufte ne promet dans fon execution que des moyens egalement injuftes et des abus d'autorité criants.

En Angleterre, lors même qu'une perfonne eft pourfuivie pour ufure, ou pour toute autre offenfe contre les loix du païs, on regarderoit comme contraire aux premières et plus fimples règles de la juftice de la forcer à venir s'accufer elle-même dans les tribunaux ; mais par l'Arrêt dont il s'agit, toutes les conventions entre les hommes font expofées au grand jour, tous les comptes font violés. Lors qu'on fe pourvoit devant une Cour d'Equité pour y découv-

rir

rir une offenfe quelconque, cette Cour refufe con-
ftamment d'obliger un homme à repondre quelque-
chofe qui puiffe fervir à le démontrer coupable
ou le foumettre à des peines. Dans le tribunal
de la Commiffion à Tabago, il faut que tout foit
rendu public par *les parties mêmes, au péril de la
forfaiture et de la confifcation.* Si de telles procédures font irrégulières lorfque les parties difputent
et s'accufent l'une l'autre, il eft bien plus fouveraine-
ment injufte que des comptes privés et des tranf-
actions d'individu à individu foient produits, devant
une cour, lorfque les parties n'implorent point le
fecours de la loi, qu'elles n'ont enfemble aucun
différend et qu'elles ne demandent point la protection du pouvoir judiciaire.

2°. Un individu quelconque peut-il, felon les
loix d'Angleterre, être convaincu d'ufure ou condamné aux amendes et confifcations aux quelles
expofe l'ufure, fans l'intervention d'un juré ?

R. Aucune perfonne ne peut être foumife aux
peines portées contre l'ufure, finon par un jugement fur une action de " *qui tam*" d'après l'article
du ftatut, ou d'après une dénonciation, et dans
l'un et l'autre cas, il n'y a que le prononcé ou
vrai-dire d'un juré de douze perfonnes qui puiffe
le déclarer coupable. Lorfque l'affaire eft confom-
mée et que l'ufure n'eft pas evidente, la queftion
foumife aux jurés eft de favoir fi le compte la convention ou acte fufpect d'ufure eft fait en fraude de
la loi pour déguifer l'ufure, ou fi c'eft un acte fait
de bonne-foi ? Il ne fuffit pas pour etablir l'ufure
que le réfultat de la convention offre un profit de

plus

plus de *5 pour cent* au prêteur, lors qu'il a prêté fon argent à un interêt légal, fachant que l'emprunteur avoit intention de lui configner fa récolte qui lui affureroit un droit de commiffion, ou même lors qu'il a eté expreffément ftipulé entre eux que la dite confignation auroit lieu. Si ce n'eft pas un fimple pretexte, il n'y a point d'ufure. Si cette commiffion n'etoit point payée au prêteur, elle le feroit à un autre. Ce n'eft donc point recevoir au delà de l'interêt légal pour le prêt de l'argent. C'eft recevoir une récompenfe pour rendre à l'empruntur un autre fervice qu'on n'eft point obligé de faire gratis. Mais c'eft au Juré et au Juré feul qu'il appartient de décider s'il y a ufure et fi la convention eft légale, ou fi elle ne couvre pas l'ufure fous un pretexte frauduleux.

D. Quelle eft la loi d'Angleterre fur la prefcription contre l'ufure ?

R. Toute action fur des ftatuts qui prononcent des peines doit, fuivant l'acte paffé dans la 31ᵉ année du règne d'Elizabeth, ch. 5. être intentée, favoir, par tout dénonciateur ordinaire dans le terme d'une année pour tout délai après l'offenfe commife, et dans le délai de trois années à l'egard du miniftère public, à moins qu'il n' y ait un tems particulier fixé par l'acte où l'offenfe auroit eté commife. L'acte de la 12ᵉ année la Reine Anne ne limite aucun tems. Il faut donc que l'action foit intentée dans les délais cy-deffus exprimés.

(Signé)   J. Anstruther.

29 Octobre 1790. Linc. Inn.

D

Opinion de Pierre Livius, *Ecuyer, Conseiller en Loi, et cy devant premier Juge de la Province de Quebec en Canada.*

L'Arrêt en question me paroit être fondé sur des notions erronées de la jurisprudence et de la pratique Angloises. Un des premiers objets que se propose la loi en tout païs est de veiller à ce que les dettes légitimement contractées soient payeés et acquitteés, et en Angleterre les Cours d'Equité vont audelà des régles etroites et recherchènt la conscience secrette, non pas comme l'a fait l'Arrêt pour connoître du crime (car en Angleterre la bénignité des loix n'oblige jamais personne à s'accuser en matière criminelle) mais afin de prescrire et forcer l'obéissance à ce qui est ou devroit être les loix de la conscience. L'Arrêt dont il s'agit a un objet fort différent et inusité. C'est d'empêcher le débiteur de satisfaire à ce que sa conscience lui dit qu'il doit à son créancier, et de les forcer tous deux à plaider sur ce que tous deux reconnoissent être juste, sous prétexte de se conformer à la loi d'Angleterre. En Angleterre dans une action en usure, il faut trois circonstances pour la motiver. Premièrement, il faut qu'il existe un contrat ou convention originale corrompue dans son principe. 2°. Il faut que l'usure porte sur un acte de prêt et d'emprunt, et non sur un marché d'achat et de vente fait de bonne-foi. 3°. Le contrat ou con-

vention

vention corrompue doit avoir eté mis en execution, et il faut prouver clairement que l'ufure a eté actuellement payeé et reçue. Il ne fuffiroit pas que l'ufure fût porteé dans un compte non règlé et terminé; ni que l'interêt legal fût accordé fur un compte règlé dont partie confifteroit en interêts; ni que les creanciers acceptaffent un préfent lors du règlement du compte, lors qu'il n'y auroit point de convention préalable corrompue. On ne regarderoit pas non plus comme ufuraire ce qui feroit accordé pour rifques extraordinaires, pour dépenfes ou pertes réfultantes de dèlais lors d'un règlement de compte entre commerçants acheteurs ou vendeurs fans fraude. Il faut que le contrat original foit ufuraire, fans quoi rien ne peut le rendre tel dans la fuite. Un emprunt portant un plus grand interêt que ne permet le ftatut, s'il y a une apparence probable ou un rifque (fans qu'on puiffe fuppofer de pretexte) que le principal ne fera jamais payé, alors il n'y a point d'ufure. Les contrats de rente viagère, les groffes aventures, contrats de *refpondentia*, et autres cas où le principal eft abandonné ou rifqué, ne font pas compris dans les défenfes portées par le ftatut. Il y a, à la vérité, differents cas exempts d'ufure où la Chancellerie diminue et réduit la demande fur le fondement que ce font des marchés trop à l'avantage du prêteur et où il a profité contre la raifon et la confcience dans un dégré plus ou moins grand de fraude, et on a regardé quelquefois de tels marchés comme ufuraires aux termes du ftatut, mais improprement; car c'eft pour d'autres rai-

 fons

fons qu'on a jugé à propos d'apporter des reftric-
tions à leur éxecution.

Le ftatut de 1713, en la 12ᵉ année du règne de
la Reine Anne, ch. 16. règle le taux legal d'interêt
dans la Grande Bretagne feulement, mais ne règle
pas (comme l'Arrêt le fuppofe) le taux de l'interêt
pour les Colonies, où il a toujours eté fixé par leurs
propres conftitutions locales, et à des taux différents
pour les differentes Colonies. Le ftatut de 1772 dans
la treizieme année du regne de George III. ch. 14. ne
réduit point l'interêt dans les Colonies au taux de 5
pour cent, comme le prétend l'Arrêt en queftion.
Ce ftatut fe borne à autorifer les *étrangers* (qui auparavant n'en avoient point le droit) à prendre des
furetés légales fur les biens-fonds fitués dans les
Colonies, mais à un taux d'interêt plus bas que les
fujets Anglois, c'eft-à-dire, point au deffus de 5
pour cent.

Le ftatut de 1774, en la quatorzieme année de
George III. ch. 79. ne porte point l'intêret dans
les Colonies a 6 *pour cent*, comme l'affure l'Arrêt,
mais il laiffe l'interêt légal dans les Colonies,
comme il eft règlé par leurs légiflatures refpectives,
et il rend feulement valables les furetés ou cautionnements pris en Angleterre fur des biens-fonds
en Irlande et dans les Colonies, qui feroient foumis
à des conteftations en Angleterre comme y ayant
eté ftipulés à un taux plus haut d'interêt que ne
permet le ftatut à l'egard de la Grande Bretagne ;
pourvu toutefois que le taux d'interêt ftipulé dans
ces cautionnements n'excède pas 6 *pour cent.* et
que le préteur n'ait pas avancé fciemment audelà

I   de

de la fomme que ces terres vendues de bonne-foi pourroient produire.

L'arrrêt etablit auffi qu'au mépris des actes du Parlement de 1713 et de 1772. la legiflature de Tabago a paffé un acte en 1768 pour fixer le taux de l'interêt dans la dite ifle à 8 *pour cent.*; mais il n'explique pas comment on auroit pu en 1768 fe conformer à un acte qui n'a eté paffé qu'en 1772, c'eft-a-dire, quatre ans après. Dans le fait, la légiflature de Tabago (qui etoit alors une Colonie Angloife) n'a fait que ce qui lui etoit permis et ce qui s'eft toujours pratiqué, à ma connoiffance, dans toute Colonie Angloife. Elle a règlé le taux de l'interêt d'après la fituation, les befoins, et les interêts de l'ifle. Les actes du Parlement Britannique portant règlement d'interêt ont toujours eté confidérés comme des ftatuts locaux qui ne s'étendent point hors de l'Angleterre ou de la Grande-Bretagne.

Le Préambule de l'Arrêt eft donc fondé fur des principes inexacts et erronés, foit que l'inexactitude foit le fruit d'une fimple erreur, foit qu'elle ait pour bafe des intentions plus repréhenfibles.

Quant aux deux autres queftions propofées, il eft certain qu'il n'y a que le vrai-dire des jurés qui puiffe prononcer fur un cas d'ufure.

A l'egard du tems fixé pour la pourfuite, l'action d'ufure doit être intentée dans trois ans au plus tard, à compter de l'époque où le délit a eté complettement commis, c'eft-à-dire du moment où la fomme ufuraire a eté effectivement payée et reçue.

(Signé)   P. Livius.

Lincoln's-Inn-Fields, 19 Nov. 1790.

Opinion de WILLIAM ADAM, *Ecuyer, Conseiller en Loi, et Membre du Parlement Britannique.*

Premierement. Le premier acte du Parlement de ce païs de la 12ᵉ année de la Reine Anne ch. 16 passé en 1713. et mentionné dans le préambule de l'Arrêt, ne s'etend point aux Colonies Britanniques, parcequ'elles n'y font point *exprimées nominativement,* condition fans laquelle aucun acte de la légiflature de ce païs n'eft réputé s'étendre à elles. En conféquence, on ne peut trouver dans cet acte aucun règlement qui puiffe s'appliquer avec juftice à l'ifle de Tabago.

Le fecond acte mentionné, c'eft-à-dire celui de la 13ᵉ année de George III. ch. 14 paffé en 1772, ne reftraint en aucune forte l'interêt Colonial fixé par les loix particulières de chaque colonie. C'eft un ftatut par lequel les *etrangers* [*aliens*] font autorifés à prêter leur argent dans les Colonies à un interêt de *5 pour cent.* Cette fureté eft fixeé par le foin qu'a ce ftatut d'écarter les objections et les difficultés qu'éprouvoient ces etrangers lors qu'ils vouloient recouvrer ce qui leur etoit dû, ou lors qu'ils etoient créanciers par hypotèque fur des immeubles et propriétés foncières dont ils pourroient être obligés de fe mettre en poffeffion pour fureté de leurs fonds prêtés.

L'autre acte de la Legiflature Britannique, favoir celui de la 14ᵉ année de George III. ch. 79. paffé en 1774, n'a point eu pour but de limiter et ne

limite

limite point en effet le taux d'interêt règlé par les loix coloniales. —Le but de cet acte a eté de lever les doutes touchant les prêteurs d'argent ici en Angleterre, fur la fureté des biens fitués dans les Indes Occidentales, et les empêcher d'encourir les amendes et peines de l'acte cy-deffus mentionné de la reine Anne, comme coupables d'ufure. Dans le cas où ces prêteurs avoient pris 6 *pour cent.* d'interêt fur le gage de biens-fonds fitués dans les Colonies, ce contrat a eté rendu légal par l'acte en queftion, même quand le contrat auroit eté fait en Angleterre. Mais il ne lie point cependant en aucune manière la légiflature de la colonie quant au droit de reftraindre ou d'augmenter à fon gré le taux de l'interêt, et il ne touche ni ne change aucunement l'intêret tel qu'il eft actuellement fixé dans les Colonies par leurs loix particulières.

Enfin, il n'y a rien qui foit contraire aux loix d'Angleterre à compter l'interêt de la manière rapportée dans l'Arrêt. Le droit de porter en compte l'interêt dépend du contrat ou accord fait entre les parties, pourvu qu'elles n'agiffent point contre les ftatuts faits pour empêcher l'ufure. C'eft pourquoi, il eft parfaitement légal pour les parties de convenir de faire et règler les balances de leurs comptes, de fixer la fomme, et fur cette fomme ainfi fixée de recevoir l'interêt legal. Et il eft également conforme à la loi d'Angleterre que l'interêt qui doit être ainfi payé et reçu foit l'interêt permis par la loi du lieu où le contrat a eté fait, c'eft-a-dire que fi l'argent eft prêté dans les Colonies, on allouera l'interêt colonial, fi dans les Indes l'interêt des Indes, et ainfi des autres.

II

Il eſt à mon avis egalemént contre la bonne-foi qui eſt le principe de la loi des nations, et contre la loi de l'Angleterre, de forcer des parties qui font d'accord fur une queſtion relative au droit du tien et du mien [*meum et tuum*] de plaider fur leurs droits. Dans toute fociété bien gou-vernée, il y a des Cours de Juſtice etablies pour décider les différends des individus, ce qui empêche ces mêmes individus de decider leurs différends d'une manière arbitraire et violente. Des cours ainſi inſtituées font des bienfaits en ce qu'elles confervent la foi publique dans la déciſion des difputes particulières; mais ſi ces Cours fufcitoient des difputes entre des par-ticuliers, lorfque les parties font d'accord entre elles, ou qu'un officier fût nommé pour forcer les parties qui font contentes à des débats fur leurs droits, en ce cas, ce qui etoit etabli comme un bien, deviendroit une fource de maux.

Le miniſtère public ne peut intervenir fous aucun prétexte dans une forme légale que dans le cas de tort fait au public, et dans le cas actuel il n'y a point de pretexte de fuppofer un tel tort. Donc l'Arrêt eſt fondé à cet egard fur une fauffe conſtruction de la loi.

Secondement. Les amendes portées par le ſtatut de la Reine Anne ne peuvent être recouvrées que par une action intentée aux termes du ſtatut par un dénonciateur ordinaire ou une perfonne qui pourfuit le payement de l'amende, moitié à fon profit et moitié au profit du fifc. Pour faire payer cette amende, il faut le vrai-dire d'un juré pour pronon-

cer

cer entre le dénonciateur et l'accufé et décider
fi celui-ci eft ou non dans le cas du ftatut. De
cela il réfulte une remarque importante, c'eft que
le ftatut eft limité à l'Angleterre.

Troifiemement. Le dénonciateur ordinaire en
ce cas doit intenter fon action dans le délai d'une
année. Après ce terme expiré, il n'y a plus d'action. Le droit de procéder s'etend pour la couronne à trois années, le quel tems paffé le miniftère
public ne peut plus intententer d'action en ufure.

(Signé)   WILLIAM ADAM.

Lincoln's-Inn-Fields, 30 Decembre 1790.

Expofé de l'Affaire entre Meffrs. STERLING
et DRUMMOND, *fait par Mr.* ERSKINE *et*
Mr. ANSTRUTHER, *le premier Avocat de*
l'Apellant, et le fecond Avocat de l'Intimé.

Aux Honorables THOMAS ERSKINE *et* JEAN AN-
STRUTHER, *Ecuyers.*

Dans l'affaire entre Jean Sterling appellant d'une
part, et Robert Drummond intimé d'autre part,
jugée en la Chambre des Pairs pendant la derniere
feffion du Parlement. Mr. Erfkine etoit avocat
de l'apellant et Mr. Anftruther pour l'intimé.

Vous êtes priés de prendre lecture d'un précis
de cette affaire et des obfervations fur icelle, datés
à Paris le 28 Août 1790, comme on les trouve
pages 179. 180. 181. 182. et 183. d'une produc-
tion intititulée " Memoire de M. Roume Com-

E

miffaire

miſſaire et Ordonnateur de l'iſle de Tabago", et et de donner votre avis ſi ce précis et ces obſervations ſont juſtes et contiennent un expoſé vrai de l'affaire.

———————

La queſtion qui nous eſt propoſée regarde l'affaire de Meſſrs. Sterling et Drummond, invoquée par Mr. Roume en preuve que la Chambre des Pairs a décidé, que l'interêt annuel accumulé et changé en capital dans la ſolde d'un compte, eſt illégal, comme auſſi que 5 *pour cent.* eſt le ſeul interêt légal accordé pour les conventions faites à la Jamaïque.

Nous etions les avocats des parties adverſes dans cette affaire, et Mr. Roume nous paroit mal inſtruit ſur le point de fait et ſur le point de droit. Jamais il n'a tombé dans l'idée des avocats de traiter la queſtion, ni dans celle de la Chambre des Pairs de la décider ſur aucun des deux points avancés.

Mr. Drummond etoit depuis l'année 1776 procureur fondé de Mr. Sterling. Tant que cette fonction a duré, il a fait paſſer annuellement ſes comptes à Mr. Drummond ſon conſtituant, en la forme et ſelon l'uſage ordinaire. Dans les comptes de chaque année, Mr. Drummond a porté la commiſſion et l'interêt des années précédentes d'après la ſolde, et l'année d'enſuite il portoit l'interêt ſur la ſolde de l'année antérieure ainſi compoſée de l'interêt et de la commiſſion de la ſolde des années précédentes.

précédentes. Ni l'un ni l'autre ne regarda jamais cette manière de faire les comptes comme illégale, et jamais dans le cours d'une longue procédure il ne fut réclamé contre. Différents articles du compte donnèrent lieu à des contestations entre les parties: notamment, il s'agissoit de savoir si Mr. Drummond avoit droit à une commission, et si le salaire que lui payoit annuellement la partie adverse devoit on non lui en tenir lieu, comme aussi de quelle manière on devoit calculer la commission sur le rum produit de l'habitation.

Les points en litige furent soumis à des arbitres qui, après avoir règlé pour les differentes années le prix du sucre et du rum sur lequel la commission devoit porter, donnèrent l'arbitrage suivant. Ils décidèrent, ordonnèrent, et prononcèrent : " que les comptes entre les dits Robert Drummond et Archibald Sterling, comme aussi ceux entre Robert Drummond et Jean Sterling seroient règlés pour chacune des années cy-dessus mentionnées (savoir depuis 1777. jusq'a 1782. inclusivement) et que l'interêt seroit accordé d'année en année sur la solde fixée, par la partie contre qui elle seroit portée respectivement, et que la dite solde et une année d'interêt d'icelle formeroient les premiers articles dans le compte de l'année qui suivroit immédiatement le dit compte annuel.

Jamais Mr. Sterling ni aucun autre n'a réclamé contre cette partie de l'arbitrage à raison d'usure, et néanmoins si les notions de Mr. Roume sur ce point de la loi Angloise etoient justes, cette sentence arbitrale auroit ordonné le payement d'un in-

terêt

terêt ufuraire, circonftance qui n'auroit pas echappé à l'attention des avocats ou de la cour. Mais il n'a jamais eté rien obfervé de ce genre dans l'affaire, et il ne nous paroit pas qu'il y ait eu lieu à critiquer l'arbitrage en queftion.

Si cette partie de la fentence arbitrale n'a donné lieu à aucune réclamation, la verité du fait eft que Mr. Sterling et fon avocat favoient que de règler annuellement des comptes et d'y porter l'interêt de la folde du dernier compte n'eft point une ufure felon les loix d'Angeterre, foit dans une Cour de Loi ou dans une Cour d'Equité. Il n'y a à cet egard aucune différence entre les deux Cours. Ce qui feroit déclaré ufuraire dans une Cour de Loi le feroit également dans une Cour d'Equité. Mr. Roume fe trompe lorfque, pag. 31. de fon mémoire il dit que les Grands Chanceliers d'Angleterre jugent contre le texte de la loi plutot que de contrarier les décifions de leurs prédéceffeurs. La folde d'un compte règlé eft une dette qui porte interêt, et fi les parties règlent de bonne foi leurs comptes tous les ans, cet intêret devient principal et forme partie de la folde de l'année fuivante qui, à fon tour, porte interêt. Il n'y a pas de différence à cet egard entre les Cours de Loi et celles d'Equité. Elles font gouvernées par le même principe.

Mr Roume s'eft trompé fur cette affaire, faute de s'être attaché fuffifamment à tous les faits.

Nous avons etabli que par la fentence arbitrale, à laquelle les parties fe font foumifes, il a eté ordonné que les comptes feroient faits de la manière que nous avons expliqué; et d'après le règlement de compte, Mr. Sterling fut condamné à payer à Mr. Drummond une certaine fomme. Aux termes de l'arbitrage, la fomme fixée devient une dette portant interêt du moment où elle avoit eté retenue et exigible par Mr. Drummond qui, en conféquence, en demanda le payement en Septembre 1783. La Cour de Seffion d'Ecoffe ordonna le payement de la folde avec interêt, et en même tems prononça que l'interêt feroit accumulé annuellement depuis l'année 1783. Le Chancelier et la Chambre des Pairs changèrent cette dernière partie de la fentence, mais nullement fur le fondement que l'accumulation d'interêts d'année en année etoit illégal, mais fur le fondement que l'interêt ne fe convertit en principal que par le cours du commerce et la manière de traiter de partie à partie, ou lors que cet interêt forme un article dans un compte règlé entre les parties et lors qu'il y a une folde fixée. Depuis l'année 1777 jufqu'en 1783 la commiffion et l'interêt ont eté annuellement accumulés, 1° parceque c'eft l'ufage ordinaire et habituel du commerce fuivi par les parties. 2°. parce qu'il y a eu des comptes règlés annuellement et une folde fixée. Et jamais perfonne ne s'eft avifé de trouver à redire à cette accumulation.

Depuis l'année 1783 toute correfpondance commerciale a ceffé entre les parties. L'un s'eft trouvé débiteur de l'autre, et la dette porta interêt ; mais il y manquoit les conditions qui changent l'interêt en principal, favoir le cours des opérations commerciales, les conventions entre les parties ou le

règlement

règlement d'un compte; et c'eſt pourquoi la Cour de Seſſion a vu réformer ſa ſentence en ce qui ſe rapportoit aux interêts accumulés depuis 1783; mais on n'a jamais élevé aucun doute ſur le prononcé de la ſentence arbitrale en tant qu'elle a ordonné que l'interêt et la commiſſion fuſſent accumulés depuis l'année 1777 juſqu'à l'année 1783, parceque pendant cette epoque on avoit ſuivi le cours des opérations de commerce, et que les comptes etoient annuellement règlés entre les parties.

Cette affaire bien entendue, prouve donc directement contre l'aſſertion avancée par le Sr Roume.

Il eſt vrai, comme il l'a dit, que l'interêt de la ſolde a eté réduit par la Chambre des Pairs de 6 à 5 *pour cent.*, mais point du tout par le motif qu'il ſuppoſe. Il a été reconnu généralement que ſi la dette avoit eté payable et exigible à la Jamaïque, elle auroit porté 6 *pour cent.* d'interêt, et le jugement de la Cour de Seſſion auroit eté confirmé en ſon entier.

Le fait eſt que les arbitres ont ordonné que Mr. Sterling payeroit à Mr. Drummond la difference entre ce qu'un certain nombre de barriques de ſucre expédiées pour l'Angleterre y produiroit et la ſomme de £620 ſtg. La ſolde d'un compte ne porte point d'interêt juſq'à ce qu'elle ſoit liquidée. La dette reconnue par la ſentence arbitrale n'a pas porté d'interêt avant que cette dette fût fixée, et elle n'a pas pû l'être avant que les ſucres euſſent eté vendus en Angleterre. La dette devoit être réduite à une ſomme certaine en Angleterre.

terre. Elle n'etoit point exigible avant d'être fixée, et elle n'a point porté interêt jufq'au moment où elle l'a eté. Mr. Sterling demeuroit en Angleterre. Mr. Drummond toit en chemin pour s'y rendre. La dette, c'eft-a-dire la fomme fixée par la fentence arbitrale ne fut jamais exigible à la Jamaïque, et par conféquent elle devoit être regardée comme une dette Angloife, et porter interêt felon les loix d'Angleterre. Il n'y a point eu de difpute quant à la loi. Lors de la plaidoierie, le Lord Chancelier demanda à l'avocat de Mr. Drummond fi d'après le prononcé des Arbitres il pouvoit en point de fait rendre cette dette exigible a à la Jamaïque : Sur l'aveu que non, il ordonna le payement de l'interêt, conformément au taux de l'Angleterre. Dans l'autre cas, il auroit accordé l'interêt à 6 *pour cent.* et en conféquence dans tous les comptes depuis 1777 jufq'en 1783, 6 *pour cent.* (qui etoit le taux d'interêt del a colonie) a eté port en compte fans réclamation.

(Signé) T. ERSKINE,
Avocat de Jean Sterling, Ecuyer, Appellant,
Serjeant's-Inn, 12 Janvier 1791.

J. ANSTRUTHER,
Avocat de l'Intimé Robert Drummond, Efq,
Lincoln's-Inn, 12 Janvier 1791.

ARRET du Conseil d'Etat du Roi, concernant les Réclamations de divers Capitalistes de la Grande-Bretagne & autres Etats de l'Europe, sur les Habitans de l'île de Tobago.

Du vingt-neuf Juillet mil sept cent quatre-vingt-six.

Extrait des Registres du Conseil d'État.

LE roi s'étant fait rendre compte, en son conseil, de la situation des habitans de son île de Tabago, sa majesté a reconnu que des capitalistes de la Grande-Bretagne & autres états de l'Europe, réclament sur lesdits habitans de trés-fortes sommes, en vertu de contrats & d'hypotheques, portant intérêts sur les biens fonds de ladite colonie. En examinant la nature de ces engagemens, d'après les loix qui etoient en vigueur dans l'île, avant qu'elle fût sous la domination de sa majesté, elle a vu que, par des actes du parlement britannique, de 1713 & de 1772, l'intérêt annuel a été établi à *cinq* pour cent, sous peine de confiscation contre le prêteur du triple de la somme prêtée à un intérêt plus fort; que néanmoins la legislation de Tabago a passé, en 1768, un acte ou bill, qui a

fixé

fixé l'interêt des emprunts, par contrats faits par les habitans, à *huit* pour cent; & qu'enfin un dernier acte du parlement de la Grande-Bretagne, passé en 1774, en légitimant les engagemens contractés jusqu'alors, en vertu des loix coloniales, a porté à *six* pour cent l'intérêt annuel sur les sommes qui seroient prêtées à l'avenir aux colonies angloises. L'acte de Tabago de 1768, comme celui du parlement britannique de 1713, permettent encore aux entremetteurs de marchés par contrats, de prendre seulement un quart pour cent par an sur les sommes prêtées par leur entremise, & déclarent illicites tous profits plus considerables, sous peine, pour chaque offense ou contravention, d'une confiscation d'environ 440 livres tournois, suivant l'acte de 1713, & de 400 liv. tournois suivant l'acte de Tabago, en sus des frais, dépens, & de six mois d'emprisonnement. Sa majesté est informée, que, malgré les dispositions précises de ces loix, plusieurs prêteurs n'ont pas craint de les violer, & d'exiger, outre le contrat authentique qui leur garantissoit, par hypotheque sur les biens fonds à Tabago, le paiement du capital, des soumissions particulieres, en vertu desquelles ils ont fourni depuis des comptes, où sous différens prétextes, leurs profits annuels se font souvent élevés à plus de dix pour cent; que quelques prêteurs ont même poussé l'avidité jusqu'à régler des comptes tous les six mois, pour former des progressions d'intérêts plus rapides; & encore que plusieurs des entremetteurs de marchés par contrat, sous le titre spécieux de cautions ont

F

exigé

exigé des rétributions de plus de cinq pour cent par an fur l'argent qu'ils procuroient aux colons de Tabago. Dans ces circonftances, fa majefté pourroit ordonner que toutes les queftions relatives aux dettes hypothécaires, contractées fous les loix angloifes, fuffent jugées conformément à la rigueur de ces mêmes loix ; mais fon intention étant de traiter les capitaliftes auffi favorablement que fon amour pour la juftice peut le lui permettre, elle veut bien faire remife de la confifcation du triple qui auroit été encourue, & n'ordonner qu'une fimple réduction des créances ufuraires, en établiffant, à cet effet, une commiffion qui connoîtra & jugera de la légitimité d'icelles. Pour écarter en même temps tout foupçon de partialité dans lefdites vérifications & jugement, elle a cru devoir les attribuer à des commiffaires gradués, autres que les habitans même de Tabago, & accorder d'ailleurs aux créanciers de bonne foi tous les fecours de l'autorité, pour l'exécution des engagemens de leurs debiteurs envers eux. A quoi voulant pourvoir : oui le rapport ; le roi étant en fon confeil, a ordonné & ordonne ce qui fuit.

Article Premier.

Il fera établi à Tabago une commiffion compofée du gouverneur & de l'ordonnateur de la colonie, ou de leurs repréfentans, de trois commiffaires gradués & non habitans de l'île, d'un

procureur

procureur pour fa majefté, & du greffier public, á l'effet de vérifier & de réduire, s'il y a lieu, les créances des étrangers à Tabago, pour fait d'ufure & de contravention aux loix angloifes, ainfi qu'il fera dit ci-aprés; attribuant fa majefté à ladite commiffion toute cour & juridiction à ce regard; & icelles interdifant à toutes fes autres cours & juges, fauf l'appel en fon confeil des dépêches, nonobftant lequel, & fans préjudice d'icelui, les jugemens de la dite commiffion feront exécutés par provifion, & fans donner caution.

Art. II.

Lefdits commiffaires & procureurs de fa majefté feront nommés par les gouverneur & ordonnateur de Tabago, entre les mains defquels ils prêteront ferment; & feront lefdits actes, tant de nomination, que de preftation de ferment, enregiftrés au greffe.

Art. III.

Le procureur pour fa majefté fera toutes les réquifitions néceffaires, & lefdits commiffaires rendront, à la pluralité des voix, au nombre de trois juges, au moins, du nombre defquels feront toujours le gouverneur ou l'ordonnateur, tous jugemens qu'il appartiendra, fur les conteftations qui pourront être relatives au vice d'u-

fure,

fure, dont lefdites créances fe trouveroient directement ou indirectement affectées, d'après les
pieces qui feront remifes audit greffe, fur les
fimples mémoires des parties intêreffées & con-
clufions du procureur de fa majefté, fans autre
forme de procédures, & fans autres frais que
ceux de greffe & d'expertage, lefquels feront
modérément taxés par les adminiftrateurs; fe
réfervant, fa majefté, de pourvoir, ainfi qu'elle
avifera, à l'indemnité des autres membres de
la commiffion.

ART. IV.

Dans le délai de huit mois, á compter du jour
de la publication du préfent arrêt, les habitans de
Tabago, qui auroient contracté des dettes envers
des créanciers établis en Europe, feront tenus de
remettre, fur récépiffé et bref inventaire, au greffe
de la fufdite commiffion, les originaux ou copies
en forme des divers engagemens publics et privès
qu'ils auroient pris avec leurs prêteurs et entremetteurs de marchés par contrat, ou cautions, ainfi
que les comptes on autres documens propres à
conftater la nature et le montant defdits engagemens. Dans le même délai, tous les créanciers
étrangers defdits habitans de Tabago, remettront
pareillement, fur récépiffé et bref inventaire, ou
feront remettre par leurs fondés de procuration, au
greffe de ladite commiffion, les originaux ou les
copies en forme, de leurs titres, comptes et autres
pieces concernant leurs créances, fous peine de dix
mille

mille livres d'amende, applicable aux hôpitaux de la colonie, contre les débiteurs, et de confiscation de la somme prêtée contre les créanciers qui seroient en retard de faire ladite remise, dans le terme ci-dessus fixé.

Art. V.

Pour l'examen des comptes et états de situation qui pourront servir à établir la preuve des stipulations ou paiemens usuraires, il sera nommé des experts, par les parties, sinon d'office par lesdits commissaires, lesquels prêteront le serment accoutumé, et re digeront, par écrit, le rapport de ce qu'ils auront reconnu d'illicite dans lesdites stipulations ou paiemens, et le déposeront au greffe de ladite commission, pour être ensuite pourvu par lesdits commissaires, ainsi qu'il appartiendra.

Art. VI.

Les preuves de l'usure ne pourront être valablement combattues par aucuns moyens de prescription ou exceptions, de quelque nature qu'ils soient.

Art. VII.

Les prêts et contrats, qui, d'après les constitutions britanniques, seront reconnus usuraires, n'auront de valeur que pour les sommes qui auront été véritablement prêtées, sans que le créancier puisse

exiger

exiger ni retenir aucune efpece d'intêret, falaires, de commiffion fous entendue, ou autre profit femblable, a compter de l'origine defdits engagemens, à l'exception feulement des commiffions légales du commerce Britannique, pour les ventes et autres affaires des habitans, que les créanciers auront reellement gérées. Ordonne en conféquence, fa majefté, par grâce envers les prêteurs étrangers, et dérogeant, quant à ce, pour le paffé feulement, â la peine de la confifcation du triple de la créance, prononcée par les réglemens de la Grande Bretagne, que tous les paiemens qui auront été faits jufqu'au jour du jugement á intervenir, feront imputés purement et fimplement fur le capital, lequel ne fubfiftera plus que pour ce qui pourra en refter aprés lefdites imputations et réduétions, et portera dorénavant intérêt à fix pour cent, conformément au taux fixé par aéte du parlement britannique, paffé en 1774. Defend fa majefté d'excéder á l'avenir ledit taux, foit direétement ou indireétement, fous la peine mentionnée plus haut, de la confifcation du triple du capital.

Art. VIII.

Il ne fera payé aux entremetteurs ou cautions étrangers, pour toute attribution, que ce qui leur eft alloué par les loix de la Grande Bretagne, et les prêteurs qui auront agi de bonne foi, ne pourront être recherchés pour le fait defdits entremetteurs ou cautions.

Art.

Art. IX.

Les jugemens de réduction qui feront rendus par ladite commiffion, vaudront titre nouvel, et il en fera delivré expédition aux parties, en leur remettant, moyennant valable décharge, les titres, papiers, comptes et documens qu'elles auront fournis

Art. X.

Enjoint fa majefté aux gouverneur et ordonnateur de Tabago, d'adreffer au fecrétaire d'etat ayant le département de la marine et des colonies, l'état fommaire des dettes et créances dont les titres auront été remis au greffe, en exécution et dans les délais de l'article IV, ainfi que les états fucceffifs des jugemens de réduction qui pourront en réfulter : leur enjoint pareillement d'accorder les fecours de l'autorité la plus efficace, pour le paiement de ce qui pourra être légitimement dû à ceux des prêteurs ou entremetteurs étrangers, qui fe feront exactement conformés, dans leurs ftipulations et négociations, à la teneur des conftitutions britanniques.

Mande et ordonne fa majefté aux gouverneur et ordonnateur de ladite île de tenir la main á l'exécution du préfent Arrêt, qu'elle veut être enregiftré en la cour de chancellerie, au greffe de la commiffion, et par-tout où befoin fera, lu, publié, imprimé et affiché dans les lieux accoutumés. Fait au confeil d'état du roi, fa majefté y étant, tenu à Verfailles le 29 Juillet 1786.

SERMENT,

Que les habitants de Tabago ont eté obligés de faire, en vertu d'une Ordonnance de la Commiffion, du 26 Juin 1787.

Je - - jure fur le faint Evangile devant Dieu et les hommes fans aucune efpèce d'equivoque ou de reftriction mentale, et de la manière la plus naturelle, que j'ai bien et fidèlement remis au Greffier de la commiffion etablie en cette ifle de Tabago par l'Arrêt du Confeil d'Etat de fa Majefté du 29 Juillet 1786, toutes les pieces quelconques qui peuvent fervir à conftater le montant et la nature des engagements contractés par les habitants de cette colonie avec les perfonnes de la Grande-Bretagne et autres Nations etrangères de l'Europe, foit pour des réclamations dejà faites ou à faire, ou que les dites pieces confiftent en originaux publics et privés, ou en copies en forme des dits originaux; et que ces pieces foient des engagements publics et privés, des contrats d'acquifition, de vente ou d'hypotèque, des obligations ou contre obligations, des cédules ou contre-cédules, des lettres ou contre-lettres, des articles d'agrément pardevant notaires ou fous feing privé, des contrats de prêt, d'echange, et tous autres contrats, des affurances, des comptes courants ou d'interêts hypotécaires ou tous autres comptes, des factures de vente ou d'envoi, et généralement tous titres ou ecrits quelconques,

qui

qui pourroient fournir des preuves ou des indices d'aucune espèce d'usure, produite par voie ou moyen d'aucun contrat vicieux, prêt, echange, marché frauduleux, subterfuge ou interêts d'argent, d'effets, de marchandises ou d'autre chose quelconque, ou par aucune voie ou moyens trompeurs, ou par aucune subtilité, artifice ou cession insidieuse, ou en général de quelque manière que l'usure puisse être produite ; soit que les dites pieces me regardent personnellement comme débiteur, ou qu'elles soient relatives à des débiteurs dont les affaires me sont confiées. Je jure aussi que l'etat que je remets anjourd'hui signé de moi, contenant l'inventaire des pieces que j'ai remises, est juste et vrai dans toutes les circonstances. Je jure enfin que si par la suite il m'etoit possible de fournir d'autres pieces qui fussent relatives à moi ou a d'autres débiteurs dont les affaires me seroient confiées, les quelles pieces seroient propres à prouver ou á eclaircir les matières soumises au jugement de la dite commission, que je les porterai ou les ferai remettre au dit greffe dans un délai de dix jours, à compter de celui où j'en aurai la possibilité.

Que Dieu me soit en aide.

GExtrait

Extrait de la feconde Séance de l'Affemblée générale de la Colonie de Tabago, repréfentée par
les Députés elus des différentes paroiffes de l'ifle,
en vertu de l'invitation de Meffieurs les Adminiftrateurs, interprétative des defirs de l'Affemblée Coloniale de l'ifle, tenue au Port Louis le
27 Mai 1790.

PRESENTS.

M. M. Dangleberme, *Prefidént.*

Faduilhe	A. W. Young
Jorna	Gilb'. Petrie
Raynaud	J^n. Smith
Smith	D^r. J^n. Campbell
Flocker	Ofw^d Clark.
Bird	Al. Gordon
Thos. Wilfon	J^n. G^t. Franklyn
Steward	R^t. Mitchell
Robley	Ch^s. Wightman
Craig	J^n. Clark
Currie	Au. Dixon
Jn°. Campbell	Arch^d. Napiers
M^c. Vicar	De Contailard
J^n. Hamilton	J^s. Gordon

D. Elder

Mr. Raynaud a fait la motion fuivante qui a eté
fontenue par Mr. Franklyn.

" Que l'Affemblée déclare s'il eft convenable
ou non que le comité chargé de la rédaction des
cahiers doit y exprimer la défapprobation de l'Affemblée

ſemblée contre les procédês de la Cour d'Inquiſi-
tion vulgairement appellée Cour de Commiſſion.

La dite motion a paſſé unanimement."

Tabago.　Je certifie que la piece cy-jointe eſt un
vrai fidèle extrait d'original dépoſé
parmi les archives de l'ancienne Aſſemblée Coloniale.

Port-Louis, ce 24 Novembre 1790.

(Signé,)　　C. Wightman.

Greffier Public.

N. B. Toutes les différentes opinions qu'on vient
de lire ont eté produites en original, ſignées des
perſonnes dont elles portent les noms, et il en a
eté preſenté a Meſſieurs des Comités réunis du
Commerce et des Colonies des traductions at-
teſtées fidéles par le S^r. Pierre Guedon Notaire
à Londres, et légaliſées par Monſieur l'Ambaſſa-
deur de France.

Les Créanciers Anglois des habitants de Tabago ont cru devoir donner ces pieces à l'impreſ-
ſion, pour méttre leurs juges et le public en etat de
connoitre à quel point le S^r. Roume a pouſſé l'ignorance des Loix Angloiſes qu'il ſoutient fauſſement
avoir eté ſuivies dans les jugements de la Cour de
Commiſſion à Tabago, dont il ne rougit point de
s'avouer l'acteur.

www.ingramcontent.com/pod-product-compliance
Lightning Source LLC
Chambersburg PA
CBHW061227030726
47595CB00004B/1420